BEI GRIN MACHT SICH IHR WISSEN BEZAHLT

Übergänge in der Lebensphase Kindheit. Ein Portfolio

Nana Schwind

Bibliografische Information der Deutschen Nationalbibliothek:

Die Deutsche Nationalbibliothek verzeichnet diese Publikation in der Deutschen Nationalbibliografie; detaillierte bibliografische Daten sind im Internet über http://dnb.d-nb.de abrufbar.

ISBN: 9783346357618
Dieses Buch ist auch als E-Book erhältlich.

© GRIN Publishing GmbH
Nymphenburger Straße 86
80636 München

Druck und Bindung: Books on Demand GmbH, Norderstedt Germany
Gedruckt auf säurefreiem Papier aus verantwortungsvollen Quellen

Das vorliegende Werk wurde sorgfältig erarbeitet. Dennoch übernehmen Autoren und Verlag für die Richtigkeit von Angaben, Hinweisen, Links und Ratschlägen sowie eventuelle Druckfehler keine Haftung.

Das Buch bei GRIN: https://www.grin.com/document/984162

Universität Trier
Fachbereich: I: Erziehungswissenschaften
 Modul X: Sozialpädagogik, Sozialpädagogik der Übergänge
Seminare: Übergänge in der Lebensphase Kindheit
Sommersemester 2020

Portfolio-Prüfung

Übergänge in der Lebensphase Kindheit

Abgabedatum: 23.10.2020
Abgabeort: Trier

Inhaltsverzeichnis

Anmerkung der Redaktion: Teil der Arbeit wurden aus redaktionellen Gründen entfernt.

Einleitung

Die vorliegende Ausarbeitung in Form eines Portfolios fokussiert sich auf die Thematik der Übergänge. Im Speziellen erfolgt die Auseinandersetzung mit Übergängen in der Lebensphase Kindheit. Die Darstellungen basieren auf der Grundlage der Vorlesung „Sozialpädagogik der Übergänge" von Dr. Caroline Schmitt im Wintersemester 2019/20 und dem Seminar „Übergänge in der Lebensphase Kindheit" von Prof. Dr. Sabine Bollig im Sommersemester 2020.

Der Übergangsbegriff selbst weist eine unüberschaubare Vielfalt von Definitionen auf. Alltagssprachlich beschreiben Übergänge Ortswechsel durch Überqueren, Übergehen, Weggehens sowie Eintreten und beziehen sich demnach auf die Bewegung zwischen zwei fixen Punkten. Sozialwissenschaftlich betrachtet, gilt der Übergangsbegriff als Rollen- und/oder Statuswechsel in subjektiven sozialen Verhaltensverläufen oder als Entwicklungsschritte innerhalb der Lebensspanne (Walther S. 45). Dementsprechend gelten Übergänge als Verbindungsstelle zwischen verschiedenen Lebensphasen und ziehen sich durch den gesamten Lebensverlauf des Menschen (vgl. Walter-Laager/Petritsch 2018, S. 15). Folglich wird jeder Mensch im Laufe seines Lebens regelmäßig mit Übergängen konfrontiert. Die ersten Übergänge finden schon im frühen Kindesalter statt und auch die darauffolgenden Lebensphasen sind von Übergangsituationen geprägt. Hierzu zählt beispielsweise der Berufseinstieg, der Beginn des Studiums oder die Pensionierung. Auch außerhalb der Schullaufbahn und des Berufslebens ist der Mensch fortlaufend mit Übergängen, wie zum Beispiel eine Heirat, ein Umzug, eine Scheidung, konfrontiert. Übergänge weisen einen vielfältigen Charakter auf. Sie können entweder als schmerzhaft und unerfreulich oder als angenehm und erfolgreich wahrgenommen werden und gelten somit sowohl als Chancen als auch als Risiken. Diese Übergänge können demnach sowohl vertikal als auch horizontal erfolgen. „Vertikale" Übergänge bezeichnen solche von einer Stufe im Bildungssystem zur nächsten. „Horizontale" Übergänge bezeichnen hingegen Wechsel im pädagogischen Setting.

Das Phänomen der „Übergänge" ist in den letzten Jahrzehnten verstärkt in den Fokus der Sozialpädagogik gerückt. Pädagogische Relevanz hat der Übergangsdiskurs vor allem deshalb, weil sie Erziehungs-, Bildungs- und Hilfeziele und die ihnen zugrundeliegenden Adressatenkonstruktionen prägen. Sie enthalten nicht nur normative Vorstellungen des Gelingens und Scheiterns von Übergängen, sondern sind darüber hinaus auch mit Fragen des Wissens und Könnens verbunden, die sich aus den Anforderungen von Lebensaltersrollen ableiten. Weil Kinder vieles noch nicht können und wissen, was Erwachsene für ein „erfolgreiches Leben und eine gut funktionierende Gesellschaft" (Rychen/Salganik 2003) für relevant halten, werden sie als gesellschaftliche Ressource adressiert, die so früh wie möglich gefördert, schulfähig und ausbildungsreif gemacht werden muss. Erwachsene gelten demgegenüber als mündige Bürger/-innen und freiwillige Nutzer/-innen von Bildungsangeboten (vgl. Hof/Maier-Gutheil 2014); es sei denn sie verwirken den Erwachsenenstatus, indem sie straffällig oder verrückt werden bzw. sich als nicht beschäftigungsfähig erweisen (vgl. Ludwig-Mayerhofer 2014).

Das Portfolio befasst sich im Rahmen eines Essays zunächst mit der speziellen Thematik des Wechsels von der Grundschule in die Sekundarstufe als doppelter Übergang für Kinder mit Migrationshintergrund. Im Weiteren erfolgt die Auseinandersetzung mit der Übergangsgestaltung im Rahmen der Heimerziehung. Dazu wurden Statements und ein Kriterienkatalog für eine gelungene Übergangsgestaltung anhand der zwei Texte, Birgit Lattschar (2012): Biografiearbeit in der Jugendhilfe sowie Susanne Siebholz (2013): Adressat/-innen, Schüler/-innen, Familienkinder? Institutionalisierung von Kindheit im Spiegel der Biographien von Kindern in Heimen, ausgearbeitet. Im Weiteren werden die Kommentierungen anderer Statements und Kriterienkataloge sowie eines Screencasts mittels Screenshots dargestellt. Die sich anschließende Analyse und Weiterentwicklung der Konzeption zur Arbeit im Jugendheim Hövelriege e.V. greift die theoretisch erarbeiteten Grundlagen auf und wendet sie praktisch an.

In der abschließenden Reflexion wird anhand des TZI-Dreiecks die aufgearbeitete Thematik im Hinblick auf neu Erlerntes, zweifelhaftes und überraschendes untersucht, die Relevanz der Materie für eigene, vergangene und folgende Übergänge sowie die Schlussfolgerung für das eigene zukünftige pädagogische Arbeiten/Handeln erläutert.

Essay

- Der Wechsel von der Grundschule in die Sekundarstufe als doppelter Übergang für Kinder mit Migrationshintergrund -

In keiner Lebensphase werden Menschen mit einem solchen Maß an Übergängen konfrontiert wie in ihrer Kindheit (vgl. Eickhoff/Reinwand 2011, S. 7). Innerhalb der Kindheit erleben sie den Übergang von der Familie in den Kindergarten, vom Kindergarten in die Grundschule und von der Grundschule in die weiterführende Schule. Darüber hinaus kann es neben diesen institutionellen Übergangsprozessen auch innerhalb der familiären Lebensumwelt der Kinder zu Übergangssituationen kommen. Beispielsweise gelten eine Trennung oder Scheidung, die Gründung einer neuen Partnerschaft oder auch einer Stieffamilie als mögliche Übergangserfahrungen im Kindesalter (vgl. Griebel/Niesel 2004, S. 35). All diese Übergänge haben bedeutende Rollen- und Statuswechsel der betroffenen Kinder zur Folge und bringen einige Anforderungen zur Bewältigung für diese mit sich. Die Bewältigung von neuen Lebenssituationen ist demzufolge kennzeichnend für die Bildung und Entwicklung von Kindern (vgl. Griebel/Niesel 2007, S. 212).

In Übergangssituationen erleben Kinder meist einen Statuswechsel, eine Neudeutung ihrer Biografie und eine veränderte Außendarstellung. Infolgedessen stehen sie vor der Aufgabe, in kürzester Zeit eine Anpassungs- und Neustrukturierungsleistung zu vollziehen (vgl. Haug-Schnabel, 2006, S. 16). Demzufolge erfordern Übergangssituationen im Kindesalter eine angemessene Vorbereitung, Begleitung und Unterstützung durch Erwachsene (vgl. Fasseing Heim et al 2018, S. 7). Nicht nur die Kinder selbst, sondern auch ihre Eltern, die Zuständigen der familienergänzenden Angebote und Pädagogen sind aktiv an den Übergangsprozessen beteiligt. Die Eltern übernehmen in Übergangssituationen eine Doppelfunktion. Während sie eine Unterstützungsfunktion für ihre Kinder leisten müssen, durchlaufen sie parallel einen eigenen Übergang und Wandel ihrer aktuellen Lebenssituation, der ebenfalls Anpassung abverlangt. So verändert sich beispielsweise ihre Rolle von den Eltern eines Kindergartenkindes zu den Eltern eines Schulkindes (vgl. Griebel/Niesel 2004, S. 37f.; vgl. Weingard 2012, S. 5). Des Weiteren bedarf es in anforderungsreichen Übergangssituationen der professionellen Unterstützung und Begleitung durch pädagogische Fachkräfte. Es ist die Aufgabe von Pädagogen, Kindern und ihren Eltern bei der aktiven Bewältigung von Übergängen beizustehen, damit diese sich Bewältigungskonzepte aneignen, die auch in zukünftigen Übergangssituationen anwendbar sind. Die Übergangsthematik gilt als Bestandteil der beruflichen Routine von Pädagogen (vgl. Fasseing Heim et al 2018, S. 7f.). Ohne die elterliche oder professionelle Unterstützung besteht die Gefahr, dass Kinder ihre Übergänge weder selbstaktiv noch wirksam bewerkstelligen können und folglich, bei alleiniger Bewältigung, Strategien entwickeln, die in künftigen Übergangssituationen vermeidendes Verhalten hervorrufen (vgl. Fasseing Heim et al 2018, S. 7). Angemessene unterstütze und begleitete Übergänge bewirken dementgegen die selbstaktive Gestaltung von Übergängen durch Kinder und stärken damit deren seelische Widerstandskraft. Dadurch werden Kinder standhafter gegenüber eintretender Entwicklungskrisen (vgl. Haug Schnabel 2006, S. 16; vgl. Weingard 2012, S. 5f.). Die Bewältigung von Übergängen und die Überwindung möglicher Diskontinuitäten können als bedeutsame Impulse für die Identitätsentwicklung der Kinder genutzt werden. Ebenso bewirken erfolgreiche Übergänge die Beschleunigung von kindlichen Lernprozessen (vgl. Fasseing Heim et al 2018, S. 7f.).

Übergänge sind insbesondere im deutschen Bildungssystem entscheidende Weichenstellungen für Bildungserfolg, beruflichen Einstieg und gesellschaftliche Partizipation. Aufgrund dessen hat die Bewältigung von Bildungsübergängen einen maßgeblichen Einfluss auf die Bildungsbiografien von Kindern und Jugendlichen. Im Schuljahr 2019/2020 sind in Deutschland rund 706 000 Schülerinnen und Schüler von der Grundschule in den Sekundarbereich I gewechselt (vgl. Statistisches Bundesamt Pressemitteilung vom 17.04.20120). Dieser Wechsel stellt einen der ersten Übergänge in der Kindheit dar und gilt aus bildungsbiografischer Sicht als besonders einschneidend sowie entscheidend. Die Bewältigung dieses Übergangs wirkt auf zukünftige Erwartungen und Haltungen des Kindes in späteren Übergangserfahrungen. Gerade an Übergängen im Bildungssystem können sich bestehende soziale Ungleichheiten verstärken. Ihre Gestaltung mit dem Ziel der Chancengleichheit stellt somit die unterschiedlichen Akteure im Bildungssystem vor große Herausforderungen (vgl. Bellenberg 2013, S.9).

Das deutsche Bildungssystem statuiert durch diverse institutionellen Regelungen und Verfahren die Struktur des Bildungsangebots, festgelegt werden sowohl Zugangs-, Bewertungs-, als auch Selektionskriterien (vgl. Solga/Wagner, S. 87). Nach der vorgesehenen 4 jährigen Grundschulzeit sind die Schülerinnen und Schüler in der Regel 10 Jahre alt und bestreiten bereits ihren zweiten institutionellen Wechsel. Schon hieran zeigt sich deutlich, dass die Gesellschaft durch frühe institutionelle Übergänge im Bildungswesen geprägt ist (vgl. Büchner/Koch 2001 S.11). Die Grundschule ist die einzige Station im Bildungssystem, an der alle Kinder gemeinsam unterrichtet werden und „muss mit der besonderen Belastung einer noch unausgelesenen Schülerschaft

zurechtkommen: Von hochbegabten bis förderbedürftigen Schülern, von „Überfliegern"
bis Langsam-Lernern, von sozioökonomisch Privilegierten bis sozial Benachteiligten."
(Schorch 2007, S. 81). Somit ist die Leistungszusammensetzung so heterogen wie auf
keiner weiteren Bildungssystemstufe. „Der Wechsel in die Sekundarstufe geht einher mit
einer Aufgliederung in verschiedene Schulzweige, die an verschiedene Abschlüsse
gekoppelt sind." (Gresch 2012, S.40). Diese frühe Selektionsfunktion des Übergangs
wird aufgrund ihrer weitreichenden insbesondere bildungsbiographischen Bedeutung
auch „Bildungsgelenkstelle" genannt. Deutschland hat aufgrund seiner
bundestaatlichen Ausgestaltung ein stark föderal geprägtes Bildungssystem. Die
institutionelle Rahmung des Schulübergangs ist dementsprechend unterschiedlich in
den jeweiligen Bundesländern geregelt. Im Folgenden wird lediglich auf die rheinland-
pfälzischen Regelungen eingegangen.

Gemäß § 12 I der Übergreifende Schulordnung beziehungsweise § 16 I der
Grundschulordnung wird für die Aufnahme in die Eingangsklasse der Orientierungsstufe
der erfolgreiche Abschluss der Grundschule vorausgesetzt. Was ein erfolgreicher
Abschluss der Grundschule bedeutet wird wiederum in § 46 der Grundschulordnung
definiert. Demnach müssen die Schüler und Schülerinnen auf dem Jahreszeugnis der
Klassenstufe 4 in mindestens zwei der drei Schulfächer Deutsch, Mathematik und
Sachunterricht ein „ausreichend" erreicht haben oder die schlechtere Note ausgleichen
können. Nach § 16 II Grundschulordnung hat die Mitwirkung der Grundschule bei der
Aufnahme in die Orientierungsstufe insbesondere mittels eines Empfehlungsschreiben
zu erfolgen.

Diese Empfehlung wird von den Grundschullehrkräften für jeden Schüler auf Grundlage
einer längerfristigen Beobachtung der Entwicklung, der Leistungen und des Arbeits-
beziehungsweise Lernverhaltens erstellt. Sie soll für die Eltern als Grundlage ihrer
Entscheidung bezüglich des Wechsels ihres Kindes auf die weiterführende Schule
dienen. Somit ist die Grundschulempfehlung beim Übergang von der Grundschule in die
weiterführende Schule in Rheinland Pfalz nicht bindend, sondern hat einen lediglich
informativen Charakter.

Der Übergang in eine weiterführende Schule stellt an die beteiligten Lehrer, Schüler und
Eltern unterschiedliche Anforderungen. Während die Eltern mit der Auswahl der
weiterführenden Schule am Ende der Grundschulzeit eine entscheidende biographische
Weichenstellung für ihre Kinder vornehmen, stellt der Übergang für die Schüler einen
tiefen Einschnitt im schulischen, aber auch im außerschulischen Lebensalltag dar. Den
Lehrern wiederum fällt die Aufgabe zu, den Übergang pädagogisch so zu gestalten, dass
die Schüler die erforderlichen Anpassungsleistungen auch erbringen können. Für die
Schülerinnen und Schüler bedeutet der Wechsel auf die weiterführende Schule einen

einschneidenden Umbruch. Die Veränderungen auf der individuellen Ebene betreffen neben dem Selbstkonzept auch die Identitätswahrnehmung der jeweiligen Kinder. Weitreichende Änderungen auf interaktionaler Ebene sind vor allem der neuen Klassenkonstellationen und neuen Lehrerinnen und Lehrer, mit denen sich die Kinder auseinandersetzen müssen, geschuldet. Die Bildung neuer und die gleichzeitige Veränderung bereits bestehender Beziehungen kennzeichnen den Übertritt von der Primar- in die Sekundarstufe. Durch den Wechsel entstehen zudem Veränderungen auf kontextueller Ebene durch divergierende Zeitstrukturen und räumlichen Bedingungen (vgl. Widmann 2014, S. 61; Krüger et al 2007, S. 509;). Diese Aspekte sind für die Kinder mit Risiken verbunden, können sich jedoch auch positiv auf die Entwicklung auswirken: „Sie können neue Erfahrungsräume, Handlungsmöglichkeiten und Entwicklungswege eröffnen und somit Potentiale freisetzen." (Koop et al 2010, S. 6). Durch die Verknüpfung von Übergang und Leistungsauslese, bedeutet der Wechsel für die Kinder auch die Veränderung des leistungsorientierten Selbstbildes (vgl. Bellmann 2013, S. 28). Entscheidend für die subjektive Bewältigung sind die Bewältigungsressourcen, welche dem jeweiligen Kind zur Verfügung stehen. Hier ist vor allem das familiäre Umfeld entscheidend. Ein offener Umgang mit der Thematik und die erforderliche Informationsvermittlung können den Kindern Sicherheit bezüglich der anstehenden Bewältigung des Übergangs geben. So wurde festgestellt, dass der aktive Einbezug der Kinder in die Schulwahl in der Regel mit einer positiven Schulantizipation und Übergangserfahrung einher geht (vgl. Helsper et al 2007, S.486). An dieser Stelle ist jedoch anzumerken, dass die Schulwahlentscheidung der Kinder weniger auf leistungsbezogenen Faktoren beruht, als vielmehr auf sozialen Komponenten. So ist der entscheidende Aspekt für die Schülerinnen und Schüler die Schulwahl ihrer Freunde (vgl. Büchner/Koch 2001, S.140).

Schülerinnen und Schüler, die während der Primarstufenzeit migrieren oder nie frühbildende Institutionen besucht haben, stehen vor einer doppelten Hürde. Sie müssen sowohl sprachliche Defizite, als auch kulturelle Praktiken des Einwanderungslandes parallel zum Schulunterricht erlernen.

Die Kinder sind somit einem doppelten Übergang ausgesetzt, den es zu bewältigen gilt. Die Herausforderung des „heimisch- Werdens" oder „sich Einfinden" in einem neuen Land geht einher mit der Angst, Sorge und Unsicherheit bezüglich des bevorstehenden Schulwechsels (vgl. Klinger 2018, S.103 ff.). Migrantenkinder sind in den höheren Schulformen deutlich unterrepräsentiert. Insbesondere ihre Benachteiligung in der Ausstattung mit übergangsrelevanten Ressource (Dollmann 2010, S.157) führen dazu, dass ihre Chancen eine höhere weiterführende Schule zu besuchen, sinken. Kinder aus Migrantenfamilien haben zunächst deutlich geringere Chancen, einen Übergang auf eine anspruchsvollere Schulart zu vollziehen. Diese Nachteile sind auf die schlechteren schulischen Leistungen am Ende der Grundschulzeit und die nachteiligere soziale Positionierung dieser Kinder zurückzuführen. Bei vergleichbaren Leistungen und einem ähnlichen familiären Umfeld zeigen sich hingegen Vorteile beim Übergangsverhalten für Kinder aus Migrantenfamilien (Dollmann 2016, S. 517). Dies ist darauf zurückzuführen, dass die Bildungsaspirationen in Migrantenfamilien besonders hoch ist (Becker 2011, S.20).

Mit zunehmenden Alter werden die Quellen sozialer Unterstützung vielfältiger, während des Übergangsprozesses in die weiterführende Schule, stellen die Eltern beziehungsweise das familiäre Umfeld jedoch (noch) die wesentlichen sozialen Unterstützungsinstanzen dar (vgl. Knoppick et al 2018, S. 493 f.).

Für Eltern ist dieser Prozess oft mit Unsicherheiten und Sorgen verbunden, denn der Übergang auf eine weiterführende Schule kann sowohl Chance als auch Risiko darstellen (vgl. Sackmann 2007, S. 111). Erziehungsberechtigte agieren bei dieser Auswahl oftmals nach dem Rational-Choice-Modell, das heißt sie wägen die Nutzen und Kosten des jeweiligen zukünftigen Schulweges ab. „(…) Entscheidungsträger (greifen) auf die Alternative zurück, bei welcher der erwartete Nutzen die erwarteten Kosten übersteigt" (Ditton 2005, S. 211). Darüber hinaus wird auch konstatiert, dass diese Entscheidung von der sozialen Position der Eltern abhängig ist (vgl. Kramer et al 2009, S.26).

Daraus ist zu schließen, dass eine Involviertheit in den Schulalltag des Kindes und ein Wissen über die Sekundarschulzweige eine wichtige Voraussetzung dafür sind, um positiv konnotierte und realistische Bildungsentscheidungen zu treffen (vgl. Becker 2010, S.8). Um dieses als Elternteil leisten zu können, muss natürlich eine gewisse sprachliche Basis vorhanden sein, damit Zusammenhänge verstanden werden können. Dieses stellt für Migrantinnen und Migranten oft eine erste große Herausforderung dar. Somit stellen sprachliche Defizite im Einwanderungsland ebenfalls eine besondere Hürde für Migrationsfamilien dar.

Des Weiteren bedarf es in anforderungsreichen (doppelten) Übergangssituationen, der Unterstützung pädagogischer Fachkräfte. Eingehende, regelmäßige und insbesondere für die (Migranten-)kinder und dessen Familie, verständliche, Beratung stellt den Grundpfeiler für die Übergangsgestaltung dar. Sowohl auf institutioneller, als auch individueller Ebene. Nur durch ausreichende Informationsressourcen auch über die institutionelle Rahmung des Übergangs an sich kann im Folgenden eine subjektiv-biografische Bewältigung erfolgreich gelingen.

Fraglich ist nach alledem nun, welche sozialpädagogischen Handlungsmöglichkeiten bestehen, um einen möglichst erfolgreichen Übergang von der Grundschule in die weiterführende Schule zu ermöglichen.

Wie dargestellt obliegt den Eltern die Schulwahlentscheidung. Hier erscheint es sinnvoll intensivere Beratungsangebote seitens der Grund- wie auch weiterführenden Schule anzubieten und eventuell auch eine Teilnahmeverpflichtung auszusprechen. Weiterhin ist es elementar, den Eltern von Kindern mit Migrationshintergrund ebenfalls sämtliche Informationen, wenn nötig in ihrer Muttersprache bereitzustellen. An dieser Stelle ist auch darauf hinzuweisen, dass ein vermehrter Einsatz von selbst immigrierten Lehr- oder Fachkräften sinnvoll erscheint. Nicht nur könnten so sprachliche Barrieren abgebaut werden, vielmehr besteht auch die Möglichkeit eines vertrauten Verhältnisses der Eltern, aber auch des Kindes zur entsprechenden Fachkraft.

Weiterhin ist einzubeziehen, dass Migranten in ihrem Übergangsverhalten durchaus ambitioniert sind und dass für eine weitere Reduktion ethnischer Bildungsungleichheit der Fokus auf (frühe) Prozesse des Kompetenzerwerbs gerichtet werden sollte, um Leistungsdisparitäten möglichst frühzeitig aufzufangen und zu kompensieren. Dadurch kann ein größtmöglicher Entscheidungsspielraum beim Übergang gewährleistet werden. Ein anderer Ansatzpunkt wäre indes, die Einführung von verbindlichen Schullaufbahnempfehlungen. In Bundesländern mit solchen bindenden Empfehlungen ist, Studien zufolge, der Einfluss der familiären Herkunft geringer (Dumont et al 2014, S. 163).

Zusammenfassend ist festzustellen, dass es sich bei dem Übergang von der Grundschule in die Sekundarstufe I um einen einschneidenden, weichenstellenden, institutionellen Übergang handelt, welcher einer angemessenen pädagogischen Unterstützung bedarf. Im Hinblick auf Kinder mit Migrationshintergrund verstärkt sich dieser Bedarf, da sich die betroffenen Kinder mit einem doppelten Übergang konfrontiert sehen. Eine erfolgreiche Übergangsgestaltung bedarf daher den Ausgleich der migrationsbedingten, geringere Ressourcenausstattung. Die Vornahme dieses Ausgleichs obliegt vor allem den pädagogischen Fachkräften, welche durch eine intensive Betreuung und Beratung der Beteiligten dazu beitragen müssen, dass ausreichend Ressourcen für eine erfolgreiche Übergangsbewältigung seitens der Kinder zur Verfügung stehen.

Statements und Kriterienkatalog

Birgit **Lattschar** (2012): Biografiearbeit in der Jugendhilfe
Susanne **Siebholz** (2013): Adressat/-innen, Schüler/-innen, Familienkinder? Institutionalisierung von Kindheit im Spiegel der Biographien von Kindern in Heimen

Statement zu Lattschar (2012)

Die Autorin beschäftigt sich in ihrer Arbeit mit der Relevanz der Biografiearbeit in der Jugendhilfe. Dazu setzt sie sich einführend mit den Begriffen Biografie und Biografiearbeit auseinander. Besonders im Kontext stationärer Angebote stellt Biografiearbeit für sie ein nützliches Instrument dar, da einigen Kindern und Jugendlichen Informationen zu ihrer eigenen Lebensgeschichte fehlen, diese widersprüchlich sind oder teilweise der Fantasie entspringen. Biografiearbeit kann hier dabei helfen, Antworten zu finden. Sie kann auch in ambulanten oder teilstationären Angeboten zur Anwendung kommen. Sie kann in Einzel- oder Gruppenarbeit durchgeführt werden und richtet sich in ihrer Ausführung nach Alter, Fähigkeiten und Möglichkeiten der Kinder oder Jugendlichen. Eine Aufzeichnung der Arbeit beispielsweise in Form eines Lebensbuchs ist dabei in jedem Fall sinnvoll. Biografiearbeit ist von den jeweiligen Rahmenbedingungen abhängig. So stellen sich bei der Arbeit mit Kindergartenkindern andere Voraussetzungen und Ansprüche als bei der Arbeit mit Schulkindern oder Jugendlichen in der Pubertät. Der zeitliche Aufwand richtet sich hierbei ebenfalls nach dem Alter und der jeweiligen Lebensgeschichte. Die Fachkräfte sollen spezielle Schulungen besucht haben und die Bestimmung des Betreuungsverhältnisses sollte im Team erfolgen. Die Autorin stellt gewisse Standards auf, die für die Biografiearbeit gelten sollten. Dazu zählen Ehrlichkeit und Offenheit, eine respektvolle innere Haltung gegenüber den Eltern, Vertraulichkeit sowie das Ansprechen schwieriger Wahrheiten. Im Rahmen der Hilfeplanung kann Biografiearbeit unterstützend wirken, um die Partizipation des Kindes oder des Jugendlichen zu gewährleisten und zu stärken.

Letztendlich kann Biografiearbeit als Arbeitsmethode angewendet werden, um das Führen von Gesprächen und die sich anschließende Bewältigung von schwierigen Erlebnissen in der Vergangenheit zu ermöglichen oder zu erleichtern. Auch erfährt das Kind durch die entsprechende Aufmerksamkeit seitens eines Erwachsenen große Wertschätzung, was sich wiederum positiv auf Bewältigungsmechanismen auswirken kann.

<u>Statement zu Siebholz (2013)</u>

Der Text „Adressat/-innen, Schüler/-innen, Familienkinder? Institutionalisierung von Kindheit im Spiegel der Biographien von Kindern in Heimen" von Susanne Siebhlolz erläutert die Frage „inwieweit unterschiedliche kindbezogene Institutionen Kindheit auf differente Weise konstituieren"(vgl. Siebholz 2013 S.177). Zu Beginn des Textes wird erläutert was „Kindheit" bedeutet. Demnach ist Kindheit als historisch wandelbares Konzept zu sehen, in welchem das Kind sowohl als Produkt als auch als Medium der Herstellung und Fortschreibung spezifischer Kindheitskonstruktionen verstanden wird (vgl. ebd. S.178). Die Frage wie eben jenes Phänomen konstruiert wird, fokussiert dabei interaktive und diskursive Prozesse, die Kindheitsvorstellungen erschaffen sowie deren Ergebnisse und Konsequenzen (vgl. ebd.). Der Grund für die Wahl eben jenes Fokus ist, dass dieser folgendes ermöglicht: „ zum einen die Frage nach den sozialen Konstitutionsprozessen pluraler Kindheiten, zum anderen und damit einhergehend einen empirischen Zugang zum „Kindsein", der keinen substantiellen Begriff vom Kind voraussetzt. Kinder werden in diesem Verständnis als Repräsentantinnen von Kindheit empirisch beobachtbar." (vgl. ebd.). Mit diesem Fokus möchte Siebholz untersuchen inwiefern zwei unterschiedlichen Institutionen, nämlich Schule und Heim bei der Konstitution von Kindheit eine Rolle spielen. Dafür soll im ersten Schritt die Konstitutionsprozesse der Kindheit durch Schule und Heim betrachtet und zusammengeführt werden. Siebholz beruft sich hierbei zum Teil auf das bereits bekannte Werk von Zeiher: (2009): Ambivalenzen und Widersprüche der Institutionalisierung von Kindheit. So ist beispielsweise die Schule durch die Scholarisierung maßgeblich an der Entstehung und Durchsetzung von modernerer Kindheit beteiligt, durch diesen Trend entsteht eine Wahrnehmung von Kindheit als Schulkindheit und von Kindern als Schüler*innen (vgl. ebd. S. 179). Insofern ist die Schule auch ein „Begleiter" bei außerschulischen Aktivitäten und im Lebensalltag. Die stationäre Unterbringung im Kontext der Kinder- und Jugendhilfe kann dagegen als Produkt der DeFamilialisierung gesehen werden, dass also der Staat die elterliche Sorge übernimmt.

Zur Konstruktion der Kindheit konkludiert Siebholz: „Im Vergleich zum Kontext Schule und zur Beschäftigung mit der „Konstruktion des Schülers" fällt schließlich auf, dass bislang noch keine Auseinandersetzung mit der sozialpädagogischen Wahrnehmung und Konstruktion von Kindern als Adressat/-innen stattfand. Der zweite Schritt besteht aus der Durchführung von narrativen Interviews und deren Auswertung. Der Fokus der Auswertung liegt dabei darauf inwieweit der Zugriff von pädagogischen Institutionen, in diesem Fall Schule und Heim, sich auf die Mikroebene und deren Darstellung in der Lebensgeschichte auswirken. Dafür wurden bundesweit 14 Kinder befragt, die in die vierte Klasse der Regelgrundschule gingen und im Heim lebten sowie 11 dieser Kinder in der fünfte Klasse erneut befragt. In dem vorliegenden Text werden nur zwei der Interviews exemplarisch präsentiert und ausgewertet. Horizonte Übergänge und deren Wirkung auf die Biographie der Adressaten sowie deren Selbstbild und Lebensgeschichte, anhand der Art und Weise wie Schule und Heim dargestellt werden, lässt sich rekonstruieren im Rahmen welcher Orientierung die Adressaten ihre Lebensgeschichte verhandeln (vgl. Siebholz 2013, S.182).

Kriterienkatalog

Kriterium I: *Für eine gute Übergangsgestaltung im Rahmen der Heimerziehung ist es wichtig, ein Bewusstsein in Sozialpädagogen für die Identifikationsprozesse von Kindern in stationären Hilfeeinrichtungen zu schaffen.*

Der Aufenthaltsort von Kindern in Heimen ist ein Thema welches von diesen stark thematisiert wird, so ist dieser für Kinder mit der Herauslösung aus der Originalfamilie verbunden und der Übergang (horizontal) in die Einrichtung wird für diese reflexiv. Wichtige Momente in der Lebensgeschichte sind unter anderem: 1: Übergangserfahrungen zwischen verschiedenen Lebens- und Aufenthaltsorten sind die primären, strukturierenden Momente in den Lebensgeschichten der Adressaten. Diese institutionellen Strukturen dienen als Gerüst zur Orientierung und verleihen der Lebensgeschichte eine etappenhafte Natur. (vgl. Siebholz 2013 S.183ff.) 2: Lebensalter dienen ebenfalls der Orientierung in der Biografie, vor allem wenn Kinder vor der Herausforderung der Darstellung von parallelen Übergängen (zum Beispiel Übergänge in der Schulkarriere und Heimwechsel) stehen (vgl. ebd.). 3: Einige der wichtigsten Markierer in der Lebensgeschichte der Adressaten sind diejenigen die die familiären Gegebenheiten repräsentieren. Sei es nun die Geburt des Adressaten oder die Trennung von den Eltern und die damit verbundene Unterbringung in einer anderen Familie oder stationären Einrichtung. Die Beziehung zur Herkunftsfamilie ist ein Grundpfeiler der Identität des Kindes (vgl. ebd.184). „Kinder begreifen sich als Teil ihrer Eltern" (vgl. Lattschar 2012, S.5).

Die Prozesse die zur Herausbildung eines Selbstbildes bei Heimkindern führen, sind durch faktisch-sachliche Sichtweisen und eine chronologische Orientierung geprägt zu denen sie sich nicht über Bewertungen in Beziehungen setzen(vgl. Siebholz 2013, S.185)

Kriterium II: *Für eine gute Übergangsgestaltung im Rahmen der Heimerziehung ist es wichtig zu erkennen, dass der Übertritt in ein Heim als eine Anomalie betrachtet wird, Legitimation erfordert und die Adressaten in der Suche nach dieser Legitimation zu unterstützen*

Gemäß Siebholz stellt der Übergang in den Augen der Adressat*innen stets eine zu erwähnende Anomalie dar (vgl. ebd. S.186). Diese Anomalie erfordert eine explizite Integration in die Biografie und in manchen Fällen ist auch die Legitimation dieses Übergangs erforderlich (vgl. ebd.). Diese Integration ist erforderlich, da der Übergang in der Regel eine schmerzliche Krise darstellt und eben jene Klarheit benötigen, um diese Anomalie zu akzeptieren und Zukunftsperspektiven zu entwickeln. Hierbei kann Biografiearbeit helfen.

Kriterium III: *Für eine gute Übergangsgestaltung im Rahmen der Heimerziehung ist es wichtig, dass Biografiearbeit von Vertraulichkeit geprägt ist und Fachkräfte im Rahmen dieser eine respektvolle innere Haltung gegenüber den Eltern wahren und trotzdem schwierige Wahrheiten ansprechen.*

Kinder in Heimerziehung haben oftmals bereits Vertrauensbrüche durch Erwachsene erlebt und daher Schwierigkeiten ein Vertrauensverhältnis aufzubauen, das es dem Kind überhaupt erst ermöglicht sich zu öffnen. Daher ist es wichtig, dass das Kind darüber Bescheid weiß, dass die Interaktion in einem geschützten Raum stattfindet. Es ist aber auch wichtig dem Kind zu vermitteln, dass es Informationen gibt, die die Fachkraft unter Umständen weiter geben muss, beispielsweise im Zuge einer Kindeswohlgefährdung. Dieses Kriterium steht demnach in enger Wechselwirkung zu Kriterium IV.

Geht man davon aus, dass sich Kinder als Teil ihrer Eltern verstehen, so ist es einleuchtend, dass Kritik an den Eltern gleichzeitig Kritik am Kind bedeutet. Verfügen Kinder nur über negative Informationen über ihre Eltern, assoziieren sie unter Umständen, dass sie den gleichen Weg einschlagen könnten. Es ist wichtig, dass Kinder auch positive oder neutrale Informationen über die Eltern erhalten, da die Identifikation mit positiven Eigenschaften zu einer Stärkung des Selbstbildes führt. Besonders in Situationen von Missbrauch setzt dies eine starke persönliche Distanz der Professionellen voraus.

Schwierige Wahrheiten meinen Situationen, die schwer zu erklären sind, wie Missbräuche oder Abhängigkeiten. Es gibt unterschiedliche Standpunkte dazu, welche schwierigen Wahrheiten man einem Kind zukommen lassen sollte. Betreffen die Informationen das Kind direkt, so ist es sinnvoll ihm diese zukommen zu lassen. Betreffen die Informationen die Privatsphäre der Erwachsenen, kann es nützlich sein, wenn das Kind die Information nicht erhält. Oftmals werden schwierige Wahrheiten nicht angesprochen, weil die Erwachsenen Probleme haben darüber zu sprechen. Dem Kind kann das Sprechen über solche Wahrheiten dabei helfen diese besser zu verstehen und zu verarbeiten, als wenn es sich selbst damit auseinander setzen muss. Kommen solche Wahrheiten auf andere Weise ans Licht, kann dies wiederum zu einem starken Vertrauensbruch führen.

Kriterium IV: *Für eine gute Übergangsgestaltung im Rahmen der Heimerziehung ist es wichtig, dass auch der Rolle der Schule Rechnung getragen wird und beachtet wird, dass die schulische Biografie Einfluss auf die Darstellung der Lebensgeschichte hat.* Die Schule ist durch die Scholarisierung maßgeblich an der Entstehung und Durchsetzung von modernerer Kindheit beteiligt. Durch diesen Trend entsteht eine Wahrnehmung von Kindheit als Schulkindheit und von Kindern als Schüler. Insofern ist die Schule auch ein „Begleiter" bei außerschulischen Aktivitäten und im Lebensalltag. Dieser maßgebliche Einfluss und die diesbezügliche Selbstwahrnehmung der Kinder muss Eingang in der Übergangsgestaltung im Rahmen der Heimerziehung finden.

Kommentierungen (Screenshots)

Kommentierung zum Statement und Kriterienkatalog: Lerngruppe 1

01.06.2020, 23:21

Allgemein >> Statements Kriterienliste_Lerngruppen 1-3_Vertikale, normative Übergänge in der Kindheit Kita/GS >> Modul X Stateme nt+Kriterienkatalog Lerngruppe 1

Das vorangehende Statement fasst die wichtigsten Aspekte der Veröffentlichung verständlich zusammen und bildet eine gute Einleitung als Einstieg in den darauffolgenden Kriterienkatalog.

Der Fokus auf die beiden Übergänge Kita- Grundschule und Grundschule-weiterführende Schule wird deutlich herausgearbeitet, ebenso wie die Verflechtung und Zusammenarbeit auf horizontaler und vertikaler Ebene. Wichtig fand ich auch, dass erarbeitet wurde, dass es sich bei der Veröffentlichung um eine sehr einseitige Perspektive handelt und die mangelnde Berücksichtigung der Perspektive des Kindes. Zwar würde ich nicht behaupten, dass der „Schwerpunkt auf der Gestaltung, Mitwirkung und Inanspruchnahme seitens Eltern, pädagogischer Bildungseinrichtungen und Lehrkräfte" liegt. Dies ist meines Erachtens nach immer individuell zu betrachten und eine pauschale Festsetzung eines Schwerpunktes fällt mir schwer.

Beiträge: 8
Erhaltene "Gefällt mir!": 0

Gefällt mir!

Bei alledem sollte jedoch nicht außer Acht gelassen werden, dass die Veröffentlichung keinen Anspruch auf Vollständigkeit bezüglich aller die Transition/en betreffenden Aspekte erhebt. Dies wäre auch im Rahmen einer Veröffentlichung in diesem Umfang gar nicht möglich. Die Autorin möchte den Fokus ja gerade auf die Zusammenarbeit zwischen und innerhalb der Institutionen legen und den Verbesserungsbedarf aufzeigen.

I: Eltern sind in Übergängen doppelt gefordert.

Dieses Kriterium finde ich gerade als einleitenden Aspekt sehr gelungen. Dass die Eltern einer „Doppelrolle" gerecht werden, also selbst bewältigen und gleichzeitig bei der Bewältigung ihres Kindes unterstützen müssen, sollte bei der gesamten Betrachtung der hier dargestellten Übergänge stets im Hinterkopf behalten werden. Nur so wird die Komplexität der Problematik deutlich und verständlich.

II: Transitionen bedeuten krisenhafte Phasen in der Biographie von Familien.

Meiner Ansicht nach, ist dies ein sehr wichtiges Kriterium, denn nur das Bewusstsein über einen Übergangsprozess/Transition kann dazu beitragen einen solchen (besser) bewältigen oder aufarbeiten zu können. Ich hätte es hier wichtig gefunden auch auf die Chancen und Möglichkeiten der Persönlichkeitsentwicklung einzugehen, denn Transitionen sind nicht stets nur negativ behaftet.

VIII: Wechselseitiger Austausch zwischen den professionellen Akteuren.

Auch ein sehr wichtiger Aspekt und für mich der größte Kritikpunkt der momentanen schulischen Übergangsgestaltung. Nur durch transparenten, regelmäßigen Informationsaustausch kann eine erfolgreiche Beratung der Eltern erfolgen und auf die Kinder individuell eingegangen werden. Fehlt es an einem solchen oder ist er auch nur lückenhaft, kann dies zu weitgehenden Folgen für die Übergangsgestaltung führen.

X: Kompetente Transitionssysteme zu entwickeln.

Dieses Kriterium sehe ich als Schlüsselaufgabe zur erfolgreichen Bewältigung von Transitionen. Durch die Entwicklung solcher Systeme kann zum Abbau von Chancenungleichheit an besagten Gelenkstellen beitragen werden.

XII: Neugestaltung der Schuleingangsphase

Auf dieses Kriterium hätte auch schon im einleitenden Statement eingegangen werden können. Ich sehe die dargestellte Neugestaltung der Schuleingangsphase als kritisch. Das bereits sehr selektive deutsche Schulsystem würde sich noch weiter verschärfen. Insbesondere Kinder aus bildungsfernen Familien oder mit Migrationshintergrund haben zwar die Möglichkeit in dieser Zeit einiges aufzuholen und die Homogenität in der ersten Jahre auf der weiterführenden Schule könnte erhöht werden, doch ändern sich allein durch die Einführung einer solchen Schuleingangsphase nicht automatisch die gesellschaftlichen Ansichten und Erwartungen. Die Gefahr der Stigmatisierung von Kindern, welche die Eingangsphase „voll ausschöpfen" sehe ich als sehr hoch an.

Zudem könnte das Aufweichen dieses Übergangs auch zu Folgeproblemen bei späteren zu bewältigenden Übergängen führen, bei welchen die betroffenen Kinder eine solche „Erleichterung/Entzerrung" nicht mehr genießen. Ob die zeitlich begrenzte Reduzierung des Leistungsdrucks den Kindern also dauerhaft zu Gute kommt ist für mich fraglich.

XIII: Psychologische Sicherheit und psychische Grundbedürfnisse beachten

Diese zwei Aspekte fehlen mir in vielen wissenschaftlichen Ausarbeitungen. Sowohl eine psychologische Betreuung der Akteure im Übergangsprozess, als auch das Bereitstellen des nötigen Fachwissens für die Pädagogen stellen für mich eine wichtige Weichenstellung zur erfolgreichen Übergangsbewältigung dar.

III: Angebote für Eltern in der Übergangsgestaltung.

Besorgniserregend finde ich, dass Beratungsgespräche oftmals nur in Krisensituationen in Anspruch genommen werden. Manches Mal hätte bei vorheriger Inanspruchnahme von Beratungsangeboten die Entwicklung einer Krise sogar verhindern lassen. Weiterhin finde ich es wichtig darzulegen, dass es nicht auf die Quantität der Angebote ankommt sondern vielmehr auf die jeweilige Qualität!

IV: Sorgfältig organisatorische Vorbereitung und Durchführung

Dieses Kriterium steht für mich in unmittelbarer Zusammenhang mit Kriterium III. Die erwähnte Qualität der Elternangebote steht in direkter Abhängigkeit zu einer sorgfältigen organisatorischen Vorbereitung und Durchführung der jeweiligen Angebote. Nur durch ein solches vorheriges Vorgehen können die Pädagogen in Folgenden professionell auftreten und beraten. Die praktische Umsetzbarkeit hängt jedoch von der zur Verfügung stehenden Zeit ab, was in Zeiten von Fachkräftemangel eine weitere Hürde darstellt.

V: Hohe Sensibilität für jeweilige Lebensbedingungen und Erfahrungen der Kinder

Hier finde ich es wichtig herauszustellen, dass dies insbesondere auch eine Anforderung an die Pädagogen ist. Die Unterstützungsressourcen der Kinder sind sehr individuell. Jedoch können sich diese Ressourcen auch positiv für die Übergangsgestaltung auswirken. Wichtig sind hier meines Erachtens nach die pädagogischen Fähigkeiten. Zum einen, um überhaupt Kenntnis von den jeweiligen Lebensbedingungen und Erfahrungen der Kinder zu erlangen und zum anderen, um einen geeigneten, individuellen Umgang mit diesen gestalten zu können.

VI: Komplexer Prozess der Persönlichkeitsentwicklung muss unterstützt werden.

Dieses Kriterium empfinde ich als äußerst wichtig. Hier wäre ein etwas näheres Eingehen schön gewesen. Das Kriterium ist so natürlich äußerst weit gefasst.

VII: Individuelle, soziale und kontextuelle Übergangsressourcen.

Diese Ressourcen sind Teil des komplexes, individuellen Prozesses der Persönlichkeitsentwicklung und hätten vielleicht sogar mit diesem zusammengefasst werden können.

Die einzelnen Ebenen wurden hier sehr klar und eindeutig herausgearbeitet.

Kommentierung zum Statement und Kriterienkatalog: Lerngruppe 6

Autor/-in
Beiträge: 8
Erhaltene "Gefällt mir!": 0

🖉 ☝
Gefällt mir!

6.06.2020, 18:57

Allgemein >> Statements Kriterienliste_Lerngruppen 4-7_Horizontale Übergänge in der Kindheit >> Statement/ Kriterienkatalog - Betr euungsalltag als Lernkontext (Lerngruppe 6)

Statement

Das Statement der Gruppe ist meiner Ansicht nach inhaltlich gut gelungen, wenn auch sehr ausführlich. Ich persönlich empfinde über drei Seiten als Zusammenfassung der Broschüre etwas zu lang.

Die von der Gruppe eingefügten Seitenverweisungen stellen sich als sehr nützlich dar, um im Text schnell die passenden Stellen aufzufinden und gegebenenfalls nochmal etwas nachzulesen.

Ein Tippfehler hat sich jedoch im zweiten Abschnitt eingeschlichen, in welchem es eigentlich heißen sollte: „...welches von 2013 bis 2015...".

Die frühe Darstellung der Idee der Autoren ermöglicht es, die folgenden Ausführungen im Hinblick auf den nicht-pädagogischen Blick richtig verstehen und deuten zu können.

Sehr gut gelungen ist der zweit letzte Abschnitt, welcher dem Leser noch einmal zusammenfassend die wichtigsten Aspekte darlegt. Persönlich hätte ich diesen Abschnitt als Abschluss des Statements gewählt und die aufgreifenden Ausführungen zu Pedro an anderer Stelle eingefügt.

Kriterienkatalog

Wichtigkeit der Betrachtung informellen Lernens

Dieses Kriterium erscheint mir als essentiell. Leider finde ich die Kriterien Benennung als zu knapp, hier hätte ich mir eine direkte Bezugnahme gewünscht, also wofür ist diese Betrachtung wichtig. Auch stellt dies ein sehr weit gefasste Kriterium dar, weshalb ich mir innerhalb der Begründung eine etwas detailliertere Herausarbeitung der „Wichtigkeit" und der „Ursache dieser Wichtigkeit" gewünscht hätte. Leider geht die Gruppe auch nicht auf die Besonderheit des informellen Lernens als relationaler Begriff ein.

Wahrnehmung Kinder als aktiver Akteur

Ein sehr gut ausgewähltes und aussagekräftiges Kriterium. Leider ist mir die Formulierung auch hier etwas zu knapp. Die Begründung beschreibt zwar knapp, aber sehr passend die wichtigsten Aspekte.

Herausforderung des Wechsels zwischen den institutionellen Welten

Dieses Kriterium überzeugt aufgrund einer sehr gelungenen Wortwahl. Die Bezugnahme in der Begründung auf den Fall Pedro finde ich gut gelungen und macht das Kriterium zusätzlich authentisch.

Betreuung als Chance begrenzte Ressourcen und Kompetenzen der Familien zu kompensieren

Dieses Kriterium finde ich äußerst interessant und insbesondere aktuell. Im Rahmen der stetig schwelenden Debatte um Bildungs(un)gleichheit stellt dieses Kriterium mithin einen (von vielen) Ansatzpunkten dar. Gut finde ich auch hier die Wortwahl „können als eine Chance", denn dadurch wird bereits impliziert, dass es hier eine starke Einzelfallabhängigkeit gibt und Betreuung somit nicht pauschal als Kompensation für begrenzte Ressourcen und Kompetenzen der Familien angesehen werden kann. Die erneute Bezugnahme auf den Fall Pedro unterstützt die Begründung.

Kommentierung zum Statement und Kriterienkatalog: Lerngruppe 9

Allgemein >> Statements Kriterienliste_Lerngruppen 8-13_Übergänge in der Pflegekinderhilfe >> Statement und Kriterienkatalog Zelle r/Köngeter (2013)- Lerngruppe 9
Zeller, Maren/Köngeter, Stefan (2013): Übergänge in der Kinder- und Jugendhilfe. In Schröer, Wolfgang et al. (Hrsg.): Handbuch Übergänge. Weinheim: Beltz Juventa, S.568-588

Statement

Die Gruppe gibt durch ihr Statement einen guten Einstieg und sodann Überblick über die behandelte Thematik. Die Ausarbeitung ist prägnant, umfasst die wichtigsten Informationen ohne dabei zu ausführlich zu sein.

Gut herausgearbeitet wurden vor allem die Übergänge innerhalb der Handlungsfelder der Kinder- und Jugendarbeit sowie der Erziehungshilfen mit der einhergehenden Dreiteilung. Dies hat sehr zum Textverständnis beigetragen.

Besonders interessant und gelungen finde ich auch die kurze Auseinandersetzung mit „Hilfen unter einem Dach", die Betreuungskontinuität in Form von flexiblen, integrierten und sozial-raumorientierten Hilfen garantieren soll. Schön ist hier insbesondere, dass die Gruppe direkt einen Diskussionsanstoß gibt.

Autor/-in
Beiträge: 8
Erhaltene "Gefällt mir!": 0

Gefällt mir!

Kriterienkatalog

Kriterium I: Zu einer guten Übergangsgestaltung im Bereich der Pflegekinderhilfe gehört, den Hilfeplanprozess möglichst offen, fallspezifisch und partizipativ zu gestalten

Dieses Kriterium finde ich gut gewählt und ausgearbeitet. Ich denke, dass dieses Kriterium sehr praxisnah ist und als praktizierender Pädagoge verinnerlicht werden sollte. Nicht nur im Hinblick auf das Hilfeplanverfahren, sondern in der gesamten praktischen Arbeit mit Adressaten. Insbesondere der Einbeziehen der einschlägigen rechtlichen Grundlagen unterstützt noch einmal die von der Gruppe dargelegte Wichtigkeit von Partizipation.

Vielleicht hätte man hier schon kurz einbringen können, dass dabei insbesondere das Bewusstsein der jeweils Beteiligten bezüglich des Übergangsprozesses vorhanden sein muss beziehungsweise sollte (wie in Kriterium II dann aufgegriffen wurde).

Kriterium III: Zu einer guten Übergangsgestaltung im Bereich der Pflegekinderhilfe gehört, die Übergänge zwischen verschiedenen Familien partizipativ und transparent gestalten.

In diesem Punkt stimme ich mit der Gruppe vollkommen überein. Für die Adressaten sind diese Übergänge oft mit Unsicherheit und Überforderung verbunden. Durch eine transparente Gestaltung, bei der die Adressaten aktiv mitwirken, kann leichter Akzeptanz und Zustimmung gewonnen werden. Ängste und Sorgen, die ansonsten einfach verborgen bleiben würden, können offen angesprochen und diskutiert werden, auch dies kann zu einer erleichterten Bewältigung des Übergangs beitragen.

Kriterium IV: Zu einer guten Übergangsgestaltung im Bereich der Pflegekinderhilfe gehört, den Übergang von der Pflegefamilie in die Selbständigkeit intensiv zu begleiten und vor dem Hintergrund der doppelten Belastung der Adressat*innen weiterhin zu unterstützen.

Mit dem Ende von staatlichen Maßnahmen entsteht für sogenannte „care leavers" eine doppelte Belastung aufgrund der Überlagerung von zwei Übergangsprozessen. Ich empfinde es demnach als essentiell weiterhin eine intensive Betreuung für Betroffene anzubieten, um zumindest bedingt die fehlenden Unterstützungsressourcen auszugleichen. Das von der Gruppe ausgearbeitete Kriterium bringt dies verständlich zum Ausdruck.

Kommentierung des Screencasts von der Lerngruppe 3: Analyse der pädagogischen Konzeption der Kindertagesstätte „Villa Kunterbunt in Augsburg"

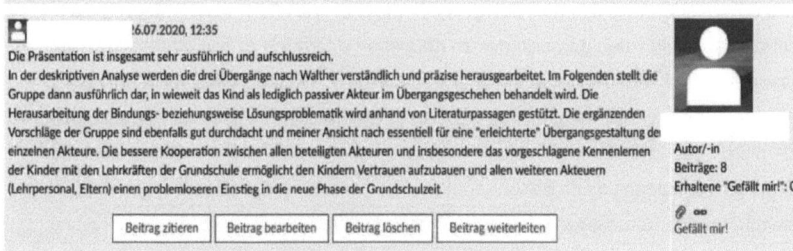

26.07.2020, 12:35

Die Präsentation ist insgesamt sehr ausführlich und aufschlussreich.
In der deskriptiven Analyse werden die drei Übergänge nach Walther verständlich und präzise herausgearbeitet. Im Folgenden stellt die Gruppe dann ausführlich dar, in wieweit das Kind als lediglich passiver Akteur im Übergangsgeschehen behandelt wird. Die Herausarbeitung der Bindungs- beziehungsweise Lösungsproblematik wird anhand von Literaturpassagen gestützt. Die ergänzenden Vorschläge der Gruppe sind ebenfalls gut durchdacht und meiner Ansicht nach essentiell für eine „erleichterte" Übergangsgestaltung der einzelnen Akteure. Die bessere Kooperation zwischen allen beteiligten Akteuren und insbesondere das vorgeschlagene Kennenlernen der Kinder mit den Lehrkräften der Grundschule ermöglichen den Kindern Vertrauen aufzubauen und allen weiteren Akteuern (Lehrpersonal, Eltern) einen problemloseren Einstieg in die neue Phase der Grundschulzeit.

Autor/-in
Beiträge: 8
Erhaltene "Gefällt mir!": 0

Gefällt mir!

| Beitrag zitieren | Beitrag bearbeiten | Beitrag löschen | Beitrag weiterleiten |

Reflexion

Das Modul X , Übergänge in der Kindheit war für mich insgesamt in vielerlei Hinsicht überraschend bereichernd. Da ich mein bisheriges Studium recht theoretisch fand und es mir oft schwer gefallen ist, den konkreten praktischen Bezug zu einer späteren pädagogischen Arbeit zu sehen, hatte ich auch bezüglich dieser Thematik starke Zweifel, einen Zugang zur praktischen Umsetzung zu finden.

Unter Übergängen stellte ich mir zu Beginn allgemein einschneidende Erlebnisse von verschiedenen Personen vor, hatte also eine ungefähre Vorstellung davon, was ein Übergang sein soll. Im Laufe des Seminars stellte sich heraus, dass diese ungefähre Vorstellung auch nicht mehr als eine solche war. Ich war überrascht über die Komplexität der Thematik, die unterschiedlichen Wechselwirkungen die während des Prozesses herrschen und beachtet werden müssen. Insbesondere die Auseinandersetzung mit der Unterscheidung von vertikalen und horizontalen Übergängen bereitete mir zu Beginn aufgrund ihrer Verflechtung einige Probleme, welche ich aber im Weiteren durch verschiedenste Beiträge lösen konnte.

Besonders hilf- und lehrreich war die Erarbeitung des Textes „Übergänge im Lebenslauf. Erziehungswissenschaftliche Heuristik oder pädagogische Gestaltungsaufgabe?" von Walther, welcher sich für mich wie ein roter Faden durch die weiteren Seminarsitzungen zog und immer wieder durch Einordnung in die drei Ebenen von „Doing Transitions" Klarheit bezüglich der Aufschlüsselung und Verworrenheit der Wechselbeziehungen und verschiedenen unterschiedlichen Einflüsse.

Das Verfassen des Essays gab mir die Möglichkeit mich näher mit der Thematik Übergänge und Migration zu beschäftigen. Auch hier war das Erarbeiten der verschiedenen Wechselwirkungen und Aspekte, die sich gegenseitig beeinflussen sehr interessant und lehrreich. Insbesondere, dass migrierende Kinder sowohl sprachliche Defizite, als auch kulturelle Praktiken des Einwanderungslandes parallel zum Schulunterricht erlernen müssen, war mir zwar bewusst, jedoch hatte ich zuvor nicht die notwendige Vorstellung und das Bewusstsein darüber, welche Herausforderung es für die einzelnen Adressaten darstellt, diesen doppelten Übergang zu bewältigen. Auch war mir zwar bewusst, dass Kinder aus Migrantenfamilien oft nicht die gleiche Unterstützung von Haus aus genießen, wie gleichaltrige, nicht migrierte Kinder, doch war ich mir zuvor noch nicht über das Ausmaß dieser Tatsache im Hinblick auf die Gesamtheit der Übergangsressourcen und im Besonderen der Problematik der Informationsbeschaffung beziehungsweise Verarbeitung, bewusst.. Erschreckend war für mich die Feststellung, wie drastisch sich soziale Ungleichheit in dieser Lebensphase der Kinder verstärken kann und wie damit einhergehend die Bildungschancen sinken. Auch wenn ich starke

Zweifel daran hege, dass dieser Missstand zeitnah überwunden werden kann, hoffe ich, durch meine Ausbildung und das gewonnene Bewusstsein als Teil der Bewältigungsressourcen der Adressaten zu einer erfolgreichen Bewältigung der Übergänge beitragen zu können.

Durch die verschiedenen Arbeitsmethoden im Seminar war, trotz der besonderen Verhältnisse dieses Semesters, ein reger Austausch mit den weiteren Studierenden möglich, was insgesamt zu einem besseren Verständnis der Materie beigetragen hat und immer wieder weitere Aspekte und Blickwinkel eröffnete.

Anzumerken ist auch, dass ich abseits der pädagogischen Thematik, mittels des Seminars sämtliche Funktionen von Stud.ip kennengelernt habe und überrascht von den vielfältigen Möglichkeiten war. Es bleibt jedoch abzuwarten inwieweit diese auch abseits des „Coronasemesters" zur Unterstützung der Lehre herangezogen werden. Es wäre in jedem Fall wünschenswert und zeitgemäß.

In Bezug auf eigene Übergänge habe ich im Laufe des Seminars viel über meine eigene Biografie nachdenken und besser nachvollziehen können. Viele Aspekte, welche im Seminar besprochen und diskutiert wurden machten mir verständlich, weshalb es zu immensen Problemen unmittelbar nach oder auch vor Übergängen gekommen ist. Auch kann ich nun nachvollziehen, warum ich noch heute immer wieder gewisse Verhaltensmuster in Übergangssituationen zeige. Das Bewusstsein darüber ermöglicht es mir nun solche Situationen aus einem anderen Blickwinkel zu betrachten und Möglichkeit einer expliziten Aufarbeitung, welche jedoch noch einige Zeit in Anspruch nehmen wird.

Auch hinsichtlich der Übergänge meiner zwei Söhne konnte ich viel aus dem Seminar mitnehmen. In Bezug auf die Übergänge auf die weiterführende Schule wurde mir deutlich vor Augen geführt, welche Problematiken sich hier stellen und woher die Unsicherheiten insbesondere meinen Sohns Niklas rührten. Zudem konnte ich mir meiner eigenen Doppelrolle bewusst werden.

Des Weiteren habe ich durch die Auseinandersetzungen im Seminar einen anderen Blickwinkel auf das von meiner Ex-Frau und mir praktizierte „Wechselmodel" bezüglich unserer Söhne gewonnen. So stand für mich bis zu der intensiven Auseinandersetzung mit der Thematik fest, dass das Wechselmodell ohne Frage die beste Lösung für meine Kinder ist, da sie weiterhin den regelmäßigen Kontakt zu beiden Elternteilen pflegen. Nachdem ich nun jedoch um die Unsicherheiten, die vermehrte Übergänge mit sich bringen können, weiß, sind mir viele Verhaltensweisen der Kinder insbesondere nach dem unmittelbaren Übergang in den „anderen" Haushalt verständlicher geworden und es fällt mir leichter diese nachvollziehen zu können. Durch das Bewusstsein darum, haben wir nun regelmäßige Zeiten festgelegt, in welchen ich mich mit den Kindern zusammensetze und explizit ihre Sorgen und Unsicherheiten anspreche, was beide sehr gut annehmen und das Zusammenleben insbesondere in der unmittelbaren Übergangsphase bereits nach einer solch kurzen Zeit der Einführung erleichtert. Durch den offenen Umgang und das direkte Ansprechen haben die Kinder stets die Möglichkeit sich zu äußern und die Gefahr, dass solche Sorgen und Ängste im Alltagsstress untergehen, wird deutlich verringert.

Im Hinblick auf meine zukünftige Arbeit als Sozialpädagoge konnte mir das Seminar das sehr wichtige Bewusstsein über die mit Übergängen verbundenen Problemstellungen, Wechselbeziehungen und Bewältigungsmethoden vermitteln. Ich habe aufgrund der aufgearbeiteten Thematik eine andere Sichtweise auf die verschiedenen Schnittstellen erlangt und es fällt mir leichter von Adressaten vorgetragene Aspekte nachvollziehen zu können.

Diese essentielle Thematik gerade in dem von mir angestrebten Arbeitsbereich der offenen Kinder- und Jugendhilfe, hilft mir bereits jetzt bei meiner Arbeit im Haus der Jugend Wittlich. Mittels des Seminars konnte ich schneller Zugang zu Jugendlichen mit Migrationshintergrund finden. Insbesondere die Konfrontation mit einem doppelten Übergang für Kinder oder Jugendliche mit Migrationshintergrund, bei welchen ein Schulwechsel, der Eintritt in das Berufsleben oder der Beginn eines Studiums ansteht, begründet einen erhöhten Betreuungsaufwand und die Notwendigkeit einer intensiven Beratung. Auch hier sind für mich die gewonnen Erkenntnisse in Bezug auf gelungene Biografiearbeit sehr hilfreich um die Situation und Probleme der Adressaten evaluieren und im Folgenden mit diesen daran arbeiten zu können. Auch Probleme der Eltern kann ich nun aus einer anderen Perspektive betrachten, da ich um ihre Doppelfunktion in gewissen Übergangssituationen weiß. Die ersten praktischen Erfahrungen mit der Thematik zeigten mir jedoch auch deutlich auf, dass sich die Anwendung der erarbeiteten Theorie in der Praxis als Herausforderung darstellt. Selbst mit dem Wissen um Wechselbeziehungen, fällt es mir teils noch schwer diese aufgrund der Gespräche mit Adressaten zu identifizieren und in Zusammenhand zu setzen. Insbesondere die Tatsache, dass sowohl ein aufmerksames Zuhören erforderlich ist, wie zeitgleich auch das Überdenken und Einordnen des Gesprochenen, führten mir vor Augen, dass theoretischen Wissen über Übergangsphänomene allein, noch kein Erfolgsgarant für eine gelungene Übergangsgestaltung ist, sondern es viel mehr auch regelmäßige Übung durch ständiges Anwenden und ins Gedächtnisrufen erfordert. Nur so kann eine gewisse Routine der Gedankenabläufe gewährleistet werden, die es ermöglicht den Hauptaugenmerk auf das aktive Zuhören legen zu können. Das theoretische Wissen bezüglich Übergängen und Übergangsgestaltung konnte und kann ich somit bereits jetzt schon unmittelbar in der Praxis anwenden.

Zukünftig möchte ich mich noch weiter mit dem Altersabschnitt „Emerging Adulthood"
beschäftigen und die Thematik sorgfältig aufarbeiten, um auch diese Adressatengruppe
angemessen und gewinnbringend unterstützen zu können.

Zusammenfassend ist somit zu sagen, dass mich die Vorlesung in Verbindung mit dem
Seminar sowohl persönlich als auch fachlich weitergebracht hat. Die aufgearbeitete
Materie der Übergänge stellt für mich nunmehr eine essentielle Thematik dar, welcher in
sämtlichen Lebenslagen besondere Bedeutung zukommen sollte und vor allem
hinsichtlich meiner zukünftigen Arbeit als Pädagoge Beachtung finden wird.

Literaturverzeichnis

Becker, Rolf (2011): Integration von Migranten durch Bildung und Ausbildung – theoretische Erklärungen und empirische Befunde, in: Becker, Rolf (Hrsg.): Integration durch Bildung: Bildungserwerb von jungen Migranten in Deutschland, Wiesbaden, S. 11–36

Bellenberg, Gabriele/ Forell, Matthias (2013): Bildungsübergänge gestalten, Ein Dialog zwischen Wissenschaft und Praxis, Münster / New York / München / Berlin: Waxmann Verlag

Büchner, Peter/ Koch, Katja (2001): Von der Grundschule in die Sekundarschule. Der Übergang aus Kinder- und Elternsicht, Band 1., Opladen: Leske + Budrich Verlag

Dollmann, Jörg (2016): Der Übergang von der Primar- in die Sekundarstufe, in: Diehl, Claudia/ Hunkler, Christian/ Kristen, Cornelia (Hrsg.), Ethnische Ungleichheiten im Bildungsverlauf, Wiesbaden: Springer Fachmedien

Dollmann, Jörg (2010): Türkischstämmige Kinder am ersten Bildungsübergang. Primäre und sekundäre Herkunftseffekte. Wiesbaden: VS Verlag für Sozialwissenschaften

Dumont, Hanna/ Maaz, Kai/ Neumann, Marko/ Becker, Michael (2014): Soziale Ungleichheiten beim Übergang von der Grundschule in die Sekundarstufe I. Theorie, Forschungsstand, Interventions- und Fördermöglichkeiten, in: Herkunft und Bildungserfolg von der frühen Kindheit bis ins Erwachsenenalter. Forschungsstand und Interventionsmöglichkeiten aus interdisziplinärer Perspektive, Sonderheft 24 der Zeitschrift für Erziehungswissenschaft, S.141–165, Wiesbaden: Springer VS

Dumont, Hanna/ Neumann, Marko/ Becker, Michael/ Maaz, Kai (2013): Der Übergangsprozess von der Grundschule in die Sekundarstufe I vor und nach der Schulstrukturreform in Berlin: Die Rolle primärer und sekundärer Herkunftseffekte, in: Die Berliner Schulstrukturreform. Bewertung durch die beteiligten Akteure und Konsequenzen des neuen Übergangsverfahrens von der Grundschule in die weiterführenden Schulen, S.133–207. Münster: Waxmann

Eickhoff, Mechthild /Reinwand, Vanessa-Isabelle (2011): Übergänge erfolgreich meistern! Wie Jugendkunstschule, Musikschule und Bibliothek Brücken von der Kita in die Schule bauen. Handreichung für Projektpartner und Bildungsnetzwerke, in: Bundesverband der Jugendkunstschulen und Kulturpädagogischen Einrichtungen e. V. (Hrsg.)

Fasseing Heim, Karin/ Ruth Lehner/ Thomas Dütsch (2018): Übergänge in der frühen Kindheit, Eine Einführung, in: Ursula Arnaldi, Elke Hildebrandt, Martina Wey Huber, Barbara Zumsteg (Hrsg.), Münster: Waxmann Verlag

Gresch, Cornelia (2012): Der Übergang in die Sekundarstufe I -Leistungsbeurteilung, Bildungsaspiration und rechtlicher Kontext bei Kindern mit Migrationshintergrund, Wiesbaden: VS Verlag für Sozialwissenschaften

Griebel, Wilfried / Niesel, Renate (2004): Übergänge sind Chancen für   Entwicklung. Gute Begleitung stärkt Resilienz. Theorie und Praxis der Sozialpädagogik 5, 9–12

Griebel, Wilfried/ Niesel, Renate (2007): Forschungsergebnisse und pädagogische Ansätze zur Ausgestaltung des Überganges vom Kindergarten zur Grundschule. In: Bundesministerium für Bildung und Forschung (Hrsg.), Auf den Anfang kommt es an. Perspektiven für eine Neuorientierung frühkindlicher Bildung, Berlin, Bonn: BMBF S. 191-251

Griebel, Wilfried/ Niesel, Renate (2013): Übergänge verstehen und begleiten. Transitionen in der Bildungslaufbahn von Kindern, 2. Auflage. Berlin: Cornelsen Verlag

Haug-Schnabel, Gabriele (2006): Übergänge spürbar machen. Wie Krisen stärken können, in: Theorie und Praxis der Sozialpädagogik, 1, S. 16-20

Hansen, Rolf/ Pfeiffer, Hermann (2000): Bildungschancen und soziale Ungleichheit, in: Rolff, Hans-Günther/ Klemm, Klaus/ Pfeiffer, Hermann/ Holtappels, Heinz Günther/ Schulz-Zander; Renate (Hrsg.): Jahrbuch der Schulentwicklung. Daten, Beispiele und Perspektiven. Weinheim, München: Juventa-Verlag

Helsper, Werner/ Kramer, Rolf-Torsten/ Brademann, Sven/ Ziems, Carolin (2007): Der individuelle Orientierungsrahmen von Kindern und der Übergang in die Sekundarstufe. Erste Ergebnisse eines qualitativen Längsschnitts, Zeitschrift für Pädagogik 53 4, S. 477-490

Klinger, Sabine/ Mikula, Regina (2018): Vom Weggehen und Ankommen. Migrationsbewegung als biografischer Übergang, Herausforderungen im sozialen Miteinander, in: soziales_kapital. wissenschaftliches journal österreichischer fachhochschulstudiengänge, Band 19, Graz

Klinger, Sabine/ Mikula, Regina (2019): Das „Flüchtende Café" als interkultureller Begegnungsraum für Lern- und Bildungsprozesse-Ein Praxisbericht, in: Magazin erwachsenenbildung.at. Das Fachmedium für Forschung, Praxis und Diskurs. Ausgabe 35/36, Wien.

Knoppick, Henrike/ Dumont, Hanna/ Becker, Michael/ Neumann, Marko/ Maaz, Kai (2018): Der Übergang als kritisches Lebensereignis. Zur Rolle der Eltern für die Antizipation des Übergangs und das Wohlbefinden von Kindern auf der weiterführenden Schule; Zeitschrift für Erziehungswissenschaft 21 3, S. 487-510

Koop, Christine (2010): Herausforderung Übergänge – Bildung für hochbegabte Kinder und Jugendliche gestalten, in: Steenbook, Olaf (Hrsg.), Karg Hefte, Beiträge zur Begabtenförderung und Begabungsforschung, H. 1, Frankfurt am Main: Karg-Stiftung

Kramer, Rolf-Torsten/ Helsper, Werner/ Thiersch, Sven/ Ziems, Carolin (2009): Selektion und Schulkarriere. Kindliche Orientierungsrahmen beim Übergang in die Sekundarstufe I, Band 29, Wiesbaden: VS Verlag für Sozialwissenschaften

Krüger, Heinz-Hermann/ Köhler, Sina-Mareen/ Pfaff, Nicolle/ Zschach, Maren (2007): Die Bedeutung des Übergangs von der Grundschule in die Sekundarstufe I für Freundschaftsbeziehungen von Kindern, Zeitschrift für Pädagogik 53 4, S. 509-521

Lattschar, Birgit (2003): Sprünge und Brüche im Leben von Kindern – Biografiearbeit mit Kindern mit Migrationserfahrungen, in: EB - Kurier 2004: „Wo komme ich her – wo gehöre ich hin?" Biografiearbeit mit Kindern und Jugendlichen in der Erziehungsberatung, Dokumentation der Jahrestagung 2003 der Landesarbeitsgemeinschaft für Erziehungsberatung in Hessen e.V.

Lattschar, Birgit (2012): Biografiearbeit in der Jugendhilfe, in: Unsere Jugend, 5/2012, S. 194 – 203

Olczyk, Melanie (2016): Migranten und ihre Nachkommen im deutschen Bildungssystem: Ein aktueller Überblick, in: Diehl, Claudia/ Hunkler, Christian/ Kristen, Cornelia (Hrsg.): Ethnische Ungleichheiten im Bildungsverlauf. Mechanismen, Befunde, Debatten, Wiesbaden , S. 33–69

Sackmann, Reinhold (2007): Lebenslaufanalyse und Biografieforschung. Eine Einführung, 2. Auflage, Wiesbaden: Springer Verlag

Schorch, Günther (2007): Studienbuch Grundschulpädagogik. Die Grundschule als Bildungsinstitution und pädagogisches Handlungsfeld, 3. Auflage, Bad Heilbrunn: Klinkhardt

Siebholz, Susanne (2013): Adressat/-innen, Schüler/-innen, Familienkinder? Institutionalisierung von Kindheit im Spiegel der Biographien von Kindern in Heimen, in: Diskurs Kindheits- und Jugendforschung, 8 (2013), 2 Kinder und ihre Kindheit in sozialpädagogischen Institutionen, S. 177-190

Statistisches Bundesamt (Destatis), Pressemitteilung Nr. 137 vom 17. April 2020; abrufbar unter: https://www.destatis.de/DE/Presse/Pressemitteilungen/2020/04/PD20_137_211.html

Van de Werfhorst, Herman G./ van Tubergen, Frank (2007): Ethnicity, Schooling, and Merit in the Netherlands, Ethnicities 7 (3), AGE Publications, S. 416–444

Walther, Andreas (2015): Übergänge im Lebenslauf. Erziehungswissenschaftliche Heuristik oder pädagogische Gestaltungsaufgabe?, in: Schmidt-Lauff, Sabine, Felden, Heide von, Pätzold, Henning (Hrsg.), Transitionen in der Erwachsenenbildung. Gesellschaftliche, institutionelle und individuelle Übergänge, Opladen, Berlin, Toronto, Budrich, S. 35-56

Widmann, Sara (2014): Transition, Auslese und Förderung. Aktuelle Schülererfahrungen, in: Hackl, Armin/ Imhof, Carina/ Steenbuck, Olaf/ Weigand, Gabriele (Hrsg.), Begabung und Traditionen, Beiträge zur Begabtenförderung und Begabungsforschung , Frankfurt am Main: Karg Hefte, S. 59-65